PRATIQUE

DE LA

PROCÉDURE DE L'ORDRE

SUPPLÉMENT

—

Années 1867 - 1868 - 1869

—

PAR

EDMOND MARTIN

JUGE PRÈS LE TRIBUNAL CIVIL D'ALENÇON,

OFFICIER D'ACADÉMIE

MEMBRE CORRESPONDANT DE L'ACADÉMIE DE LÉGISLATION, etc.

PARIS

AUG. DURAND ET PEDOUX-LAURIEL

Rue Cujas, 5 et 7

CAEN

LE GOST, LIBRAIRE

Rue Ecuyère, 36

—

1870

PRATIQUE

DE LA PROCÉDURE DE L'ORDRE

ALENÇON. — E. DE BROISE, IMP. ET LITH.

PRATIQUE

DE LA

PROCÉDURE DE L'ORDRE

SUPPLÉMENT

Années 1867 - 1868 - 1869

PAR

EDMOND MARTIN

JUGE PRÈS LE TRIBUNAL CIVIL D'ALENÇON,

OFFICIER D'ACADÉMIE

MEMBRE CORRESPONDANT DE L'ACADÉMIE DE LÉGISLATION, etc.

PARIS

AUG. DURAND ET PEDOUX-LAURIEL

Rue Cujas, 5 et 7

CAEN

LE GOST, LIBRAIRE

Rue Ecuyère, 36

1870

En 1866 nous avons publié une étude pratique sur la procédure de l'ordre; ce travail, que nous essayons de compléter dans ce supplément, ne pouvait être terminé avant l'année 1870; nos recherches devaient comprendre dans leur ensemble le résumé de la doctrine et de la jurisprudence des dix premières années de la loi du 21 mai 1858 : la première période décennale de l'interprétation de toute loi d'une application fréquente n'est-elle pas en effet la plus précieuse pour les jurisconsultes : les décisions de la justice fixent alors le sens de la partie la plus importante de l'œuvre du législateur, enlèvent l'incertitude et l'obscurité et rendent la loi applicable sans discussion et protectrice sans danger; aussi, dans le cours de nos travaux, nous sommes-nous efforcés d'indiquer le sens clair et précis des dispositions sur les ordres, et avons-nous cherché à faire toujours éviter les contredits qui conduisent à l'audience et font obstacles à la célérité inscrite à chaque page de cette loi d'une si haute influence.

La loi de 1858 est une loi sociale; elle a pour mission de délivrer le sol avec rapidité des entraves qui l'enchaînent, et de faire conquérir à la propriété foncière la liberté et le crédit qui lui rendront sa valeur et son prestige. Chez nos ancêtres, l'amour de la terre dominait les sages calculs de l'économie sociale; l'école physiocratique exerçait sur leur esprit et sur leurs mœurs son influence exclusive : aussi nos pères étaient-ils grands propriétaires de biens; mais, d'un autre côté, grands faiseurs de rentes : ils acquéraient sans cesse la terre moyennant des rentes foncières, et cet usage devait engendrer des résultats doublement regrettables : l'amour du sol allait compromettre tout le bien-être du propriétaire, et, en effet, souvent la rente foncière dépassait le revenu brut des propriétés acquises de cette manière; et la terre ainsi grevée à l'infini allait perdre à un certain moment sa valeur et son crédit : c'était la réaction contre l'école de Quesnay.

Quelle devra être la conséquence médiate du dégrèvement de la propriété sous l'influence de la loi nouvelle. Sans doute, la propriété foncière servira toujours de garanties à des prêts hypothécaires; sans doute, l'emprunteur insolvable verra ses biens exposés à la saisie et à l'expropriation, mais l'ordre ouvert par la suite sera dominé par une célérité bienfaisante : les privilèges de la femme ou du mineur, l'hypothèque conventionnelle ou judiciaire auront leurs dates récentes ou certaines ; le réglement sera conclu toujours à l'amiable, le capitaliste reprendra confiance, et la propriété sera, avec plus de vérité encore, source de moralité, de calme et de prospérité. Le rentier, assuré d'être remboursé sans délai et sans frais, sollicitera le propriétaire ; il préférera, et déjà même il commence à préférer les placements hypothécaires aux fluctuations incertaines et fragiles du commerce : la terre redevenue en honneur y gagnera en culture, son revenu net augmentera dans une large proportion ; l'agriculteur habile, à l'égal du commerçant accrédité, verra le numéraire affluer en raison directe de la prospérité de ses biens ; et le sol atteignant ainsi, au moyen des machines et des engrais, son maximum de production, sera exploité avec intérêt par le maître lui-même : système d'amodiation que J.-B. Say préfère avec raison au bail à ferme et au métayage. Combien seront éloignés les temps où une lieue carrée de terre suffisait à peine pour nourrir un seul homme (1)!

La loi de 1858 aura-t-elle la puissance d'opérer des résultats aussi importants ?

Nous sommes ainsi conduits à faire une étude exclusivement statistique :

La France possède 42 millions d'hectares de

(1) Charles Comte.

terre productive et 4 millions de propriétaires, divisés en trois classes (1) : dans la première classe sont les petits propriétaires, au nombre d'environ 3,500,000, ceux-ci possèdent ensemble la moitié du sol productif, et en particulier 6 hectares de terre ; dans la seconde réside la moyenne propriété ; elle embrasse un quart du sol, se répartit entre 350,000 propriétaires, et fournit une contenance de 30 hectares pour chacun d'eux ; dans la troisième se trouve le dernier quart de la terre productive, il constitue la grande propriété, et donne 120 hectares à chacun des 90,000 grands propriétaires qui en ont la jouissance.

Depuis nombre d'années déjà la petite propriété a fait l'objet d'aliénations incessantes, qui ont produit l'affranchissement de la moitié du sol, c'est-à-dire de 21 millions d'hectares de terre ; notre attention doit donc s'attacher à la grande et à la moyenne propriété : c'est dans son sein que se perpétuent ces rentes foncières, ces privilèges anciens, ces obscurités de titres qui altèrent son crédit tout entier. Les ordres antérieurs à 1858 l'ont déjà dégrevée du quart au moins de ses entraves ; ils ont donc permis à 3,600,000 petits, moyens et grands propriétaires de voir 26 millions d'hectares de terre à peu près libres de privilèges. Il nous reste à examiner comment et à

____

(1) Rossi, *Cours d'économie politique.*

quelle époque la loi de 1858 pourra faire jouir des mêmes avantages les 16 derniers millions d'hectares appartenant à environ 300,000 grands et moyens propriétaires.

En 1860 (1), M. le Garde des sceaux faisait déjà remarquer l'influence de la loi nouvelle sur le réglement des procédures d'ordre :

» Pendant les sept mois qui ont suivi, disait-il, la promulgation de la loi, les juges commissaires ont réussi à régler à l'amiable, dans un bref délai de loi, 761 ordres; si l'on ajoute aux 5,833 ordres nouveaux ouverts en 1858, les 5,666 qui restaient à régler de l'année précédente, on obtient un total de 11,496 ordres : on en a réglé 5,625 par réglement définitif et 761 à l'amiable, il en est résulté qu'au lieu de mettre fin au tiers des ordres, selon l'usage, on est parvenu à en terminer une moitié pendant l'année. »

La loi de 1858 est même venue apporter, en l'espace de neuf ans, des résultats inespérés : en effet, en 1867 (2), il s'est ouvert 7,574 ordres, il en restait 2,845 à régler de l'année précédente, le total des ordres à faire était donc de 10,419; sur ce chiffre, 73 %, c'est-à-dire 7,649, ont été terminées, savoir : 4,409, à l'amiable; 2,207, par réglement définitif, et le reliquat, 1033, par décisions

(1) *Compte civil*, 1860.
(2) *Compte civil*, 1869.

judiciaires ou par abandon. D'où, la conséquence que l'on peut faire disparaître au moins 73 o/o par an des ordres qui se présentent : or, la moyenne des ordres qui se sont ouverts depuis la loi nouvelle, est de 7,200 environ chaque année; dans ce chiffre, il faut concéder une large part à la petite propriété, et lui accorder les sept douzièmes des ordres annuels, il restera en conséquence 3,000 ordres intéressant la moyenne et la grande propriété. Si l'on admet qu'il disparaît tous les ans 73 o/o de ces ordres, il en résulte que, sur les 300,000 grandes et moyennes propriétés, 2,190 renaissent au crédit chaque année, et que la loi, à partir de sa promulgation, pourra dégrever, en l'espace de 130 ans le sol des rentes anciennes. Cette période paraît longue; telle est la conséquence fatale du calcul erroné de nos pères. Toutefois, plusieurs causes pourront en abréger l'étendue : ainsi, entre autres, un certain nombre de terres ont échappé à ces usages surannés, et les réglements ne tarderont pas à atteindre le chiffre de 90 o/o par an; déjà même ils ont augmenté de 1 o/o dans l'espace d'une année. Aussi est-il présumable qu'en moins d'un siècle la loi sur les ordres aura transformé la propriété dont elle aura conquis l'émancipation.

Après cette transformation l'ordre amiable sera la règle, l'ordre judiciaire l'exception, et celui-ci pourra même disparaître avec ses lenteurs relatives, par suite du morcellement progressif de la propriété, si le législateur donne un jour satisfaction à ceux qui, comme nous, cherchent à démontrer l'efficacité des petits ordres. Aussi, nous empressons-nous de reproduire les observations et les vœux que nous avons émis, il y a quelques années, en vue d'une modification de la loi de 1858 (1).

— Cette loi, disions-nous, se fonde sur deux motifs : célérité, économie; l'ordre amiable est bien, il est vrai, l'expression de ces idées; mais qu'un obstacle surgisse, et l'ordre amiable est impossible; qu'un créancier soit absent, qu'un tuteur repousse toute responsabilité, qu'un ayant-droit refuse son consentement et dise : *Non volo quia non volo,* ne faut-il pas ouvrir l'ordre judiciaire? Le capital à partager est-il considérable, les frais seront relativement minimes, ils pèseront peu sur un créancier dont la situation pécuniaire paraît à l'abri du besoin; mais le capital est-il très-peu élevé, la position change, les frais ne gardent pas la même proportion, ils absorbent les dernières créances et jettent souvent la gêne dans une classe de petits créanciers peu aisés et dignes d'intérêt. La Commission chargée du projet de loi de 1858 voulut parer à cet inconvénient; il est

(1) *Moniteur des Tribunaux,* année 1863, page 201.

à regretter que le Conseil d'État n'ait pas admis alors l'hypothèse *des petits ordres;* l'expérience a prouvé la sagesse des prévisions de la Commission, et appelle encore l'examen de cette question.

Devant quelques Tribunaux la plupart des ordres offre à peine un capital de 1,000 fr. à partager; hypothèse : six créanciers sont inscrits, ils sont convoqués pour l'ordre amiable, un seul fait défaut, ce créancier ne vient même pas en ordre utile : il faut ouvrir l'ordre judiciaire, et le cinquième créancier voit sa créance disparaître en frais regrettables. Cette situation est fréquente et impossible à éviter. En droit, on a l'habitude d'indiquer un remède contre la négligence ou le mauvais vouloir du créancier : on invoque l'art. 1382. La faute du créancier, dit-on, sera punie par des dommages-intérêts qui feront peser sur lui les frais de l'ordre judiciaire. Ce moyen a des inconvénients pratiques : le créancier condamné peut être insolvable; on recule toujours devant un procès d'un résultat douteux et devant certains frais qui en sont la conséquence. Le mauvais vouloir du créancier n'est même qu'une hypothèse, nous avons déjà cité d'autres empêchements, tels que l'absence d'un créancier, le refus du tuteur : obstacles sérieux à l'ordre amiable. La loi seule peut trancher ces difficultés et défendre les intérêts des créanciers des petits ordres.

L'inconvénient, le voilà signalé : quel est le

remède? L'art. 773 en contient la base : d'après cet article, y a-t-il moins de quatre créanciers inscrits, l'ordre est supprimé ; le Tribunal est saisi comme en matière sommaire, et l'on évite une partie des frais. C'est une sage innovation ; mais le législateur n'a embrassé qu'une partie de la question ; il voit les créanciers, il oublie le capital ; posons-nous à ce dernier point de vue. Le capital à partager ne dépasse pas 1,000 fr., un obstacle s'oppose au réglement amiable : dans cette hypothèse, fréquente, je le répète, le juge-commissaire ne pourrait-il pas voir augmenter sa compétence? A l'expiration du mois fixé pour l'ordre amiable, il ordonnerait le dépôt des pièces à jour fixe sur le bureau de justice, le délai ne dépasserait pas dix jours, et huit jours après il statuerait comme en référé et réglerait l'ordre des créances. L'appel de ce jugement serait recevable ; on procéderait à cet appel comme il est dit en l'art. 461 de la loi du 21 mai 1858 ; les créanciers intéressés à combattre l'appel seraient représentés par un avoué désigné dans ce but par le juge-commissaire au bas de ce réglement : ce moyen expéditif et sans frais satisferait tous les intérêts ; l'appel, du reste, serait peu fréquent, et j'appuie cette présomption sur le recours à l'art. 788, qui est une exception dans les ordres : l'application des art. 130 et 147, § 1, C. proc., ajouterait une garantie contre un appel légèrement intenté.

En 1858, la Commission chargée du projet de loi sur les ordres avait étudié cette thèse, elle signala les avantages qu'offrirait un juge unique qui, d'un trait et sans délai, réglerait entre eux les créanciers d'un petit ordre. Le rapporteur, dont nous n'admettons pas entièrement le projet, proposait aussi le dépôt des pièces sur le bureau de justice (1) : « Ni le juge unique, disait-il, ni la procédure simple jusqu'à une certaine somme, ni la convocation par invitation, ne sont choses inconnues dans nos mœurs judiciaires. Au cas prévu par l'art. 661 C. proc., le juge-commissaire statue seul sur un privilége du bailleur, qui peut embrasser un intérêt de plus de 1,500 fr. — Le jugement sans productions préalables au greffe et sur observations suivies de la remise des pièces aux juges n'était pas non plus une innovation excentrique, car, au cas de l'art. 773, quoique la somme à distribuer puisse être de 100,000 fr., il n'est pas procédé autrement. »

La loi sur les ordres est donc incomplète, elle sacrifie les petits ordres aux ordres plus considérables; elle n'établit pas des frais proportionnels au capital à partager. Aussi, l'expérience est-elle venue fortifier les regrets exprimés par le rapporteur de la Commission après le rejet du projet de loi sur les petits ordres. Sans doute le

(1) Rapport du projet de loi sur les ordres.

juge-commissaire cherche sans cesse à suppléer
à l'insuffisance de la loi, mais son esprit conci-
liateur trop souvent s'épuise en vains efforts. —

En résumé, notre étude sur les ordres a pour
objet la promptitude des recherches, et pour but
la célérité de la procédure. La loi nouvelle est
une loi sociale, ses efforts tendent à dégrever la
propriété foncière de tous les priviléges anciens,
obscurs et contestés, source de craintes pour les
capitalistes et d'entraves pour la terre. En moins
d'un siècle le sol aura conquis sa liberté, son
crédit et son prestige : les ordres amiables exer-
ceront leur influence presqu'exclusive, et le morcellement progressif de la grande propriété en-
couragera le législateur à faciliter encore les réglements rapides par une loi sur les petits ordres.

Le numéraire, dès-lors, recherchera la terre,
l'agriculture trouvera dans les emprunts faciles
un nouvel élément de prospérité, et l'abondance
des produits viendra réaliser les prévisions de
Sully, en prouvant que le labourage et le pâturage
sont les deux plus puissantes mamelles de l'État.

LOI

DU 21 MAI 1858

Les paragraphes suivants reproduisent les numéros de la Pratique de la Procédure de l'Ordre dont ils forment le Supplément.

PRATIQUE

DE LA

PROCÉDURE DE L'ORDRE

—◇—

ART. 749 et 750.

8

1. En cas de concours entre plusieurs réquérants, le président désigne le poursuivant *(tarif* art. 130), après avoir pris en considération l'intérêt le plus considérable. — Pigeau, t. 2, p. 286. — Chauv. sur Carré. *quest.* 2550. — Bioche, n° 172. — Seligman n° 133. — Grosse et Rameau, t. 2, n° 478. — Trib. Napoléon-Vendée, 26 déc. 1849. — Bordeaux, 2 fév. 1848.

A Paris il est d'usage que les avoués règlent cette difficulté devant leur chambre.

2. Une seule adjudication par suite de saisie comprend-elle plusieurs immeubles, le créancier qui ne possède qu'une hypothèque spéciale sur quelques uns des immeubles, peut néanmoins réquérir l'ouverture d'un ordre pour la distribution du prix de tous les immeubles.

L'art. 750 accorde au créancier le plus diligent les mêmes droits qu'au saisissant, à la partie saisie ou à l'adjudicataire ; cette mesure évite la multiplicité des ordres et l'augmentation des frais. — Nancy, 11 janvier 1866.

3. L'ouverture d'un ordre peut être empêchée par une opposition inscrite au bas de l'ordonnance qui commet le juge-commissaire.

Cette opposition peut porter, par exemple, sur la compétence du juge ou sur la qualité des réclamants; elle fait **naître des** questions préjudicielles. — Nancy, 11 janv. 1866.

11

Les greffiers n'ont droit à aucun émolument ni **pour le** réquisitoire à fin de nomination du juge-commissaire, **ni pour** les contredits.

Ces actes sont du ministère exclusif des avoués et **n'exigent** de la part du greffier aucun travail ou soin **particulier. —** Cass., ch. réun., 8 janv. 1867.

13

Il n'est pas nécessaire que l'ordonnance du président **qui se** commet pour procéder à un ordre, soit inscrite sur le **registre** des ordres, lorsque le procès-verbal d'ordre en fait **mention.** — Aix, 19 juin 1866.

Art. 751.

19

1. Il n'y a pas lieu à la procédure d'ordre amiable **lorsque** plusieurs créanciers inscrits à la même date, et d'accord, **sont** en présence d'une femme mariée réclamant la propriété **d'une** somme qu'elle soutient être inaliénable.

Le tribunal doit être saisi directement du litige.

Ainsi n'existe-t-il qu'un seul créancier inscrit sur un **immeu-** ble, les articles 751 et 773 ne peuvent être invoqués. **(Caen,** 6 août 1866. — *Contra.* Chauveau, *quest.* 2615 ter).

Toutefois la circulaire ministérielle recommande **d'ouvrir** un ordre même lorsqu'il n'y a qu'un créancier : le **vendeur,** l'acquéreur, des créanciers inconnus peuvent venir **discuter le** créancier unique désigné sur l'état d'inscription.

2. L'ordre amiable devant notaire est valable si **toutes les** parties sont capables et maîtresses de leurs droits; **l'ordre** judiciaire ayant surtout en vue de faire disparaître les **diffi-**

cultés. — Caen, 6 août 1866. — Seligman n° 96. — Olliv. et Mourl. n° 272. — Grosse et Rameau n° 202. — Bioche n° 18. — Exposé des motifs. — Circ. Minist.. 2 mai 1859. n° 42. — Besançon, 8 mars 1859.

Dès lors cet ordre amiable produit les effets de l'ordre judiciaire. — Caen, 6 août 1866. — Duvergier, *Collect. des lois* 1858, p. 149 — 152. — Houyvet n° 51. — Olliv. et Mourl. 272 — Selegman 99. Bioche 18. *contra* Chauveau, *quest.* 2547 bis et septies.

Seulement il n'est pas un titre exécutoire contre celui qui n'a pas participé à l'ordre consensuel. — Dijon. 5 juillet 1865.

3. Si l'ordre amiable a eu lieu en l'absence de l'acquéreur, son exécution ne peut être poursuivie par voie parée qu'autant que les créanciers maîtres de leurs droits. donnent main-levée de toutes les inscriptions grévant l'immeuble. — Favard. § 1. n° 1. Chauveau, *quest.* 2547. — Bioche. 28.

4. Les créanciers réglés à l'amiable devant notaire peuvent réserver pour être distribués ultérieurement entre eux. au marc le franc. une somme litigieuse avec un tiers.

Les créanciers ont fait cause commune. il n'y a plus dès lors qu'un seul créancier. l'ordre devient exceptionnel, et la demande sur la somme réservée doit être portée à l'audience.

Le juge commissaire. soumis au mandat spécial qu'il reçoit de la loi ne peut faire d'ordre amiable partiel, mais devant notaire, les parties maîtresses de leurs droits ne sont pas limitées par un tel mandat. — Caen, 6 août 1866. — *Contra* : Caen, 35 mai 1863. — Chauveau n° 2551. Olliv. et Mourl. n° 284.

5. L'ordre amiable peut avoir lieu sans le consentement du créancier chirographaire même poursuivant l'ordre: l'art. 751 C. pr. ne s'occupe que des créanciers inscrits.

Ce créancier peut toujours attaquer le réglement amiable par action directe. (Bioche. n° 257).

Le juge dans cette hypothèse n'a aucun rapport à faire sur l'instance.

6. Les procès-verbaux d'ordre amiable, conformes à la loi de 1858 sont des actes judiciaires innommés, et dès lors sont passibles du droit fixe de un franc.

L. 22 frim. an 7, art. 68, § 1, n° 51.

7. La lettre de convocation pour l'ordre amiable concernant l'enregistrement est adressée à la Direction du département où l'ordre est ouvert; celle-ci consulte la Direction générale. (Instr. de l'Ad. de l'enreg. 30 juillet 1839, n° 21577.

24

Le tuteur ne peut représenter le mineur dans le cas où lui-même vient comme créancier sur l'ordre ouvert sur ce dernier, à moins qu'il abandonne sa créance. — Cass., 6 déc. 1852. Le mineur est représenté par le subrogé-tuteur. — Art. 420, § 2. C. N.

30

1. L'ordre amiable a le caractère essentiellement consensuel (Chauv., t. 1, p. 52 *quest.* 2551. — Seligman, p. 263. — Houyvet n° 122. — Ollivier et Mourlon n° 273. — Rapport de M. Riché. Cass. req. 9 mars 1863. — Caen, 25 mai 1863.) Alors le défaut d'intérêt du vendeur, du saisi, de l'adjudicataire et de l'acquéreur se présume d'après leur absence sur l'ordre auquel ils ont été appelés.

Contra : l'ordre amiable revêt le caractère judiciaire. — Gival, ordre amiable, p. 185. circ., 2 mai 1859. — **Grosse et** Romeau, t. 1, p. 301. n° 248. — Vannier, p. 53. — **Rouen,** 17 juin 1863. — Aix, 13 mars 1860.

2. Dans tous les cas consensuels ou judiciaire, l'ordre amiable doit être signé de toutes les parties ou de leurs mandataires.

Tous les actes judiciaires reçus par un juge délégué **par le** tribunal, sont signés par les parties ou leurs **avoués; ainsi :** les interrogatoires, enquêtes, ordonnances, les demandes en collocation, etc. (Caen, 28 mai 1869. — Chauveau. — **Seligman.** — Olliv. et Mourl.)

Cependant il est d'usage dans quelques tribunaux de ne pas faire signer le procès-verbal par les créanciers. — Grosse et Rameau, p. 269. — Circul. p. 226. — Il est cependant plus rationnel et plus prudent d'exiger les signatures de ces derniers.

3. A la suite de l'ordre amiable, peut venir un sous ordre amiable; ce sous ordre a lieu, ou sur le prix d'un créancier colloqué ou sur les fonds revenant au saisi ou au vendeur. (Bastia, 25 janvier 1862), à condition qu'aucune difficulté ne ralentira la célérité de la procédure, autrement il faudrait recourir à une distribution par contribution.

33

Le créancier qui, par sa faute, a empêché l'ordre amiable ne peut être condamné, à titre de dommages intérêts, à supporter les frais de l'ordre judiciaire qu'il a rendus nécessaires. (Lisieux 1869).

Contra : l'art. 1384 peut toujours être appliqué à un créancier qui par un fait de fraude, de mauvaise foi ou de pure vexation aura nécessité un ordre judiciaire; par exemple une femme dotale qui se prétend avec opiniâtreté créancière sur son Mari d'une somme de sept mille francs sans pouvoir motiver cette prétention imaginaire devra supporter à titre de dommages intérêts les frais de l'ordre judiciaire dont elle est cause. — Tribunal civil de Grenoble, 1er février 1869. — Arrêt confirmatif de la Cour de Grenoble, 10 avril 1869.

34

L'ordonnance de radiation du juge n'est que l'accessoire du réglement amiable; elle n'entraîne pas le droit de 3 fr. établi par l'art. 44, n° 10 de la loi du 28 avril 1816. (Solut., 21 juin 1864), ni l'article 68, § 3, n° 7 de la loi du 22 frim. an VII, applicable aux jugements. — Cass., 9 mars 1863. — Solut. de l'Administration de l'enregistrement, 2 nov. 1867.

36

1. L'accord des parties constaté par le juge-commissaire

ne revêt nullement le caractère d'un jugement, il peut être attaqué par les contractants au moyen des actions en nullité et en rescision créées par le droit commun contre l'erreur ou la fraude. — Amiens. 17 juillet 1868. — Mourl., n°⁸ 278, 287. — *Contra* : Rouen, 17 juin 1863.

2. Après le réglement amiable, opposition peut être faite au greffe à la délivrance des bordereaux ou encore à leur paiement à la caisse des dépôts et consignations.

3. L'ordre amiable est susceptible d'opposition comme l'ordre judiciaire, l'appel du jugement rendu sur cette opposition est soumis au délai et à la forme indiqués en matière d'ordre, et régulièrement formée par un acte d'avoué à avoué; la loi de 1858 a en effet voulu abréger les délais et simplifier les formes de la procédure; le juge-commissaire suspend alors pendant un délai qu'il détermine, les effets de l'ordre amiable et l'exécution des bordereaux. — Grenoble, 20 mars 1867.

Toutefois l'opposition exercée par le saisi devra emprunter les voies et les délais du droit commun. — Mourlon, n° 329. — Chauveau. *quest.* 2551. Circul., p. 180. — Duvergier, *Colect. des lois*, 1859. — Bressoles, *explic. de la loi* de 1858.

Nous pensons en effet que, dans ce cas, le silence de la loi entraîne l'application du droit commun, il empêche de recourir aux délais et aux formes exceptionnelles de l'ordre.

ART. 753.

42

1. La sommation de produire est valablement faite au vendeur, au domicile élu par lui dans l'acte de vente et indiqué dans l'inscription d'office prise à son profit. — Paris, 13 mars 1868.

Je dois cependant ajouter que l'élection de domicile faite spontanément par le conservateur dans l'inscription d'office, est nulle et n'empêche pas la signification de la sommation à domicile. — Chauveau, *quest.* 2554. — Grosse et Rameau,

t. 1, p. 13 et 320. — Seligman et Pont, nᵒ 258. Olliv. et
Mourl., t. 1, nᵒ 86.

2. Toutefois la partie saisie ne peut être assimilée au précédent vendeur encore créancier : elle n'a rien à prétendre sur le prix et ne doit pas recevoir en conséquence de sommation. — Art. 691, 692, 753, C. pr. — Rapport au Corps législatif. — Paris, 13 mars 1868. — Grosse et Rameau, t. 2, nᵒ 320 — Houyvet, nᵒ 141. — Seligman, nᵒ 272. — Chauveau, *quest.* 2553 *quinquies*. — Rodiere, t. 2, p. 339.

ART. 754

45

Le Juge-commissaire averti par les productions des parties de la prétention d'un créancier non inscrit à venir sur l'ordre, peut le faire appeler et ordonner la suspension des opérations.

Le juge doit s'assurer en effet si tous les ayant-droit ont été sommés de produire. — Taillade. — Sirey, 1867.

ART. 755.

47

Le délai de 40 jours imparti aux créanciers pour produire ne court, pour tous, qu'à partir du dernier exploit de sommation signifié même à des créanciers non inscrits, sommés en vertu d'une ordonnance du juge-commissaire nullement attaquée par voie légale.

Les déchéances sont de droit étroit et ne peuvent être étendues. — Pau, 2 mai 1866. — Caen, 31 août 1863 — Houyvet, 142. — Seligman, 264. — *Contra* : Chauveau, 2553. — Colmet d'Aage, t. 2, p. 1027. — Bioche, 284.

48

1. Les créanciers ne sont pas tenus de produire tous leurs titres sans exception à peine de déchéance ; la pièce indispensable est la demande en collocation.

En effet l'art. 761 autorise la production sur l'instance de nouvelles pièces et l'art. 766 condamne aux dépens seulement celui qui met de la négligence dans la production de ses pièces. — Caen, 7 mars 1866. — 3 juin 1865.

2. L'on ne peut opposer de forclusion au créancier qui a dans le délai légal, fait la production de ses titres et formé une demande en collocation, lorsque, sur le renvoi des contestations à l'audience, le créancier fait valoir un droit qu'il n'avait pas d'abord explicitement réclamé, mais qui était justifié par des titres compris dans sa production.

Un créancier peut, par exemple, demander à être admis au rang de l'hypothèque légale de la femme, comme simple créancier exerçant les droits de sa débitrice, après s'être prévalu d'abord à tort de la subrogation à cette hypothèque. — Cass., 26 avril 1869.

3. La déchéance s'applique au défaut de production de la demande et non au défaut de production de titres de la part des créanciers. — Olliv. et M., 355. — Meurt. 199. — Dalloz, 477. — Cass., 3 juin 1867. — 3 juin 1060. — *Contra* : Bourges, 21 mars 1865. — Houyvet, 157.

49

1. Le droit du créancier déchu faute d'avoir produit en temps, subsiste toujours vis à vis des autres créanciers hypothécaires qui ont encouru la même déchéance et vis à vis des créanciers chirographaires.

Aussi partie du prix reste-t-elle libre entre les mains de l'acquéreur, les créanciers déchus doivent être colloqués sur cette somme suivant le rang et la date de leurs inscriptions. — Cass., 18 juin 1828. — 8 août 1836. — 15 février 1837. — Trib. de Troyes, 26 juin et 3 juillet 1867.

2. Le créancier produisant a-t-il omis de demander une collocation en sous ordre pour une autre créance et n'a-t-il rien réclamé à cet égard dans le cours des instances d'ordre et de

sous ordre, il peut toujours former cette demande par voie d'opposition à l'ordonnance de clôture. — Chambéry, 18 fév. 1867.

50

.Le propriétaire qui réclame partie du prix des biens vendus n'encourt aucune déchéance s'il ne produit pas dans les délais légaux; il n'y a pas de sa part demande en collocation, mais revendication de partie du prix de vente. Cass.. 9 août 1869.

51

Si aucune production n'a eu lieu dans le délai de 40 jours, le juge-commissaire n'a qu'à constater l'absence de tout créancier et qu'à ordonner la radiation des hypothèques. — *Monit. Trib.*, 22 mars 1866.

52

Sont privilégiés comme frais de poursuites ceux qui ont tendu à l'augmentation du prix à distribuer; exemple : les frais avancés pour faire annuler une vente consentie pur le débiteur exproprié. (Lyon. 9 juin 1865.)

55

Les intérêts du prix courent en faveur des créanciers inscrits à compter du jour de la sommation de payer ou de délaisser faite à l'acquéreur :

A partir de la vente jusqu'à cette époque, ils peuvent être versés au vendeur. — Troyes, 26 juin et 3 juillet 1867.

56

La dénonciation d'un état de collocation provisoire peut être signifiée à l'avoué constitué, même démissionnaire ou absent de son domicile. Cet avoué conserve ses fonctions jusqu'à la prestation de serment de son successeur ou l'achat de sa charge par la communauté des avoués. — Riom, 25 mai 1866. — Angers, 17 août 1831.

Art. 759.

67

Le réglement définitif ne peut être fait par le jugement ou l'arrêt qui statue sur les contredits, il doit être l'œuvre du juge-commissaire, seul compétent. — Caen, 21 mars 1868.

Art. 758.

89

Le créancier qui a formé un contredit au nom de son débiteur, créancier produisant, peut s'en désister sans le concours de ce dernier. (Art. 1106 C. N.)

Il n'est pas utile d'accepter le désistement d'un contredit pour le rendre valable : les art. 402, 403 C. pr. ne sont pas applicables dans ce cas. — Aix, 19 juin 1866.

Art. 760.

92

Le saisi forclos faute d'avoir contesté n'est pas utile sur l'instance, il ne doit être mis en cause que sur l'instance d'appel. La loi, en effet, ordonne de signifier l'acte d'appel au domicile réel du saisi; elle suppose ainsi qu'il n'a pas figuré en première instance. — Paris, 10 avril 1866.

94

Les créanciers antérieurs en ordre d'hypothèques au créancier contesté ne sont pas représentés par l'avoué du dernier créancier colloqué, lorsqu'il s'agit d'un privilége qui viendrait en premier rang. — Cass., 21 août 1868. — *Contra :* Cass., 27 août 1852.

Art. 761.

96

L'avenir est indispensable pour la validité du jugement, seulement la présence volontaire à l'audience, sans protestation ni réserve, de la partie représentée par son avoué, couvre la nullité, et cette partie n'est pas recevable à exciper de cette nullité pour la première fois en appel. — Paris, 20 novembre 1835. — Olliv. et Mourl., 390. — Bioch, 503. — Chauv. sur Carré, 258 et 2581. — Douai, 5 juin 1866.

98

1. L'expiration du délai pour contredire met la cause en état à l'égard du créancier contestant; ici s'applique la procédure des affaires qui s'instruisent par écrit. — Art. 343 C. pr. — 761 id. — Cass., 2 août 1853. — Paris, 25 mars 1835.

Il en est autrement à l'égard du créancier contesté; le litige n'est lié que par sa réponse au contredit. — Chauv., n° 2581. — Grosse et Rameau. 394. — Riom, 25 mai 1866.

2. La cessation des fonctions de l'avoué du créancier contestant après le délai pour contredire en peut faire différer le jugement. — Aix, 19 juin 1866.

3. Les créanciers qui n'ont pas fait de contredits peuvent devant le tribunal adhérer à un contredit qui leur profite; il y a de leur part maintien d'un contredit régulier qu'ils peuvent soutenir malgré le désistement même de son auteur. — Metz, 11 juillet 1867. — Grenoble, 5 juin 1865. — Chauveau sur Carré, *Quest.*, 2577. — Rodière, compét. et proc., t. 2, p. 343. — Audier, *Revue prat.*, 1864.

4. Le désistement d'un contredit fait sur le cahier d'ordre après les délais pour contredire, ne peut être opposé aux autres créanciers produisants qui demandent le maintien de ce contredit, dans lequel ils avaient confiance. — Cass., 26 juin 1854. — Metz, 11 juillet 1867.

5. En cas d'instance, la cause est en état à l'égard du créancier contestant, à l'expiration du délai accordé pour contredire, comme dans l'instruction par écrit; le créancier contesté seul à le droit de formuler, postérieurement à l'audience, des conclusions motivées. — Riom, 25 mai 1866. — Chauveau

(Adolphe). *Quest.*, 2581 ter. — Grosse et Rameau, t. 2, n° **394.**
— Dalloz, Ordres, 802.

ART. 768.

113

N'est pas nul le jugement signifié après le délai de 30 jours,
fixé par la loi : l'art. 762, conforme à l'esprit de la loi sur les
ordres, recommande seulement la célérité dans la procédure.
— Riom, 25 mai 1867. — Dalloz, Ordres, n° 984.

ART. 767.

119

1. L'opposition à l'ordonnance de clôture peut être faite **sur**
le procès-verbal d'ordre, à la suite de l'ordonnance, **sans signi-**
fication d'avoué à avoué, ou à personne ou à domicile. La loi
dit que l'opposition sera portée huit jours après la **dénon-**
ciation à l'audience du Tribunal, elle exclut donc toute **signi-**
fication en ce qui concerne l'opposition, qui doit être **formée**
de la même manière que le contredit. — Cass., 13 déc. **1867.**
— Grosse et Rameau, n° 448. — Chauv., *Quest.*, 2599 ter. —
Contra : Encyclopédie des Huissiers. V. Ordres, n° 270.

2. Le créancier hypothécaire qui n'a pas été appelé à l'ordre
peut former tierce opposition au réglement définitif, même
après la délivrance des bordereaux de collocation; ces bordereaux ne font pas novation, ils laissent les droits hypothécaires dans leur état primitif. *Res inter alios judicata, **ulteri***
non nocet.

L'exécution du jugement réside dans le paiement et non
dans la délivrance des bordereaux. — Aix, 22 déc. 1865.

3. Cette opposition faite par un créancier qui n'a **pas été**
appelé à l'ordre ne peut toucher les créanciers qui n'ont **reçu**
aucune dénonciation. — Aix, 22 déc. 1865.

4. Un créancier chirographaire irrégulièrement appelé à **un**

ordre, n'est lié ni par les décisions intervenues sur contredits, ni par le règlement définitif : il peut toujours faire opposition. — Pau, 7 janv. 1867.

5. L'opposition est recevable seulement lorsqu'elle est fondée sur des vices de rédaction résultant d'erreurs matérielles ou d'interprétations erronées des décisions intervenues. — Chambéry, 18 fév. 1867.

121

1. Après les délais d'opposition les parties à l'ordre peuvent encore attaquer l'ordonnance de clôture, à raison de restitution de l'indu, d'erreur matérielle ou d'excès de pouvoir. — Aix, 19 juin 1866.

Cette décision paraît contraire à la loi, qui fixe les délais d'opposition, à peine de nullité.

2. Aucun créancier ne peut arrêter la délivrance du bordereau, par un acte extra-judiciaire notifié au greffier, sous prétexte, par exemple, qu'une instance en liquidation d'une créance colloquée est pendante devant ce tribunal. — Toulouse, 22 juin 1866.

ART. 762.

122

1. En cas de contestation sur une somme supérieure à 1,500 fr., mais encore indivise entre plusieurs cohéritiers, il faut prendre en considération la part de chacun d'eux pour la fixation du ressort.

En effet, l'art. 1220 C. N. a divisé cette somme de plein droit : il y a autant de litiges que d'intérêts distincts. Il en serait autrement si une convention maintenait l'indivision. - Caen, 20 déc. 1867. — Cass., 30 juin 1865. *Contra :* Chauveau, *Quest.,* 2590.

2. Le contredit non accueilli sans contestation en première instance ne peut être attaqué en Cour d'appel. — Riom, 25 mai 1866. — Dalloz. Ordres. n° 984.

126

L'acte d'appel est nul s'il ne contient pas les griefs de l'appelant et s'il renvoie aux motifs invoqués devant le Tribunal, sans tenir copie des actes de procédure indiqués.

L'art. 61 C. pr. doit-être observé. — Bordeaux, 18 avril **1866**.

Les juges apprécient la suffisance des griefs. — **Douai**, 28 juin 1843.

Du reste, l'appelan*t* peut se borner à dire que l'appel **a lieu** parce que le créancier n'a pas été colloqué au premier **rang** conformément à sa demande, en première instance. — **Besançon**, 16 avril 1862.

127

En cas d'appel, le dernier créancier ou son avoué doit **être** intimé si la demande intéresse sa collocation. — **Chambéry**, 15 juin 1866. — Dalloz, Ordres, n° 958.

ART. 762.

130

1. L'appel dénoncé par l'intimé au saisi suffit en **cas d'omission** par l'appelant. — Caen, 2 juil. 1863. — **Cass., 4 janvier** 1864.

2. Toutefois, s'il restait plusieurs appelants, chacun d'eux devrait signifier l'acte d'appel à la partie saisie, à peine de nullité, alors même que celle-ci n'aurait pas constitué avoué **en première** instance, et qu'elle n'aurait aucun intérêt en la **cause**. — Montpellier, 26 juin 1865. — Caen, 13 mai 1869.

3. Et cette nullité peut être opposée par l'intimé **aussi bien** que par le saisi. — Nîmes, 11 juin 1866, 26 juin 1865.

4. Il en serait autrement d'une nullité basée sur une **irrégu-**larité commise dans la signification de l'acte d'appel **au saisi**, celui-ci peut seul venir l'invoquer. — Cass., 14 1863. — **Dijon**, 10 avril 1867.

5. L'irrégularité disparaît par la présence et les conclusions du saisi à l'audience. — Dijon, 10 avril 1867. — Cass., 18 avril 1838.

6. L'appel incident doit également être signifié au saisi ou au vendeur, à peine de nullité, lorsqu'il n'a pas constitué avoué sur l'appel principal. — Chambéry, 28 janvier 1868. — Nîmes, 11 juin 1866.

7. La loi prescrit la notification à la partie saisie de l'appel, mais elle n'a pas fixé de délai pour faire cette signification. Sa tardivité ne peut être relevée que par le saisi. — Cass., 24 mai 1869.

Contra : la signification d'appel doit être effectuée dans le délai de 10 jours : la peine de nullité s'applique à l'ensemble des dispositions de l'art. 762. — Caen, 13 mai 1869.

Et les créanciers intimés sont recevables à se prévaloir de cette nullité, au moins quand le saisi n'y a pas renoncé avant qu'ils ne l'aient invoquée. Cette nullité est édictée dans un intérêt général, celui d'une prompte justice, et les créanciers doivent en bénificier. — Caen, 13 mai 1869. — Cass., 10 avril 1865.

8. L'acte d'appel doit être signifié au domicile de l'avoué, *à peine de nullité* : ces derniers mots s'appliquent au paragraphe entier et rentrent dans l'esprit de célérité qui domine dans la loi. — Lyon, 6 janv. 1869. — Dijon, 8 août 1864. — Grosse et Rameau, t. 2, p. 415. — Olliv. et M., n° 405. — *Contra* : Chambéry, 7 juin 1862. — Seligman, n° 456. — Houyvet, n° 235.

ART. 772.

141

L'accomplissement des formalités prescrites pour la purge des hypothèques devient inutile lorsque tous les créanciers inscrits acceptent le prix de vente; en effet, la surenchère n'est plus à craindre.

3

Cette acceptation du prix peut résulter de la demande en distribution, de la production, ou de la demande en collocation des créanciers inscrits. — Chauveau, *quest.*, 2613. — Olliv. et M., 460. — Seligman, 559. — Grenoble, 13 juillet 1865.

Nous pensons toutefois qu'il sera plus prudent pour l'acquéreur d'opérer la purge et de se soustraire par ce moyen aux risques attachés à l'éventualité d'inscriptions nouvelles.

Art 773.

148

1. Lorsqu'il n'y a qu'un seul créancier inscrit, l'ordre exceptionnel doit néanmoins avoir lieu; l'ordre sera presque toujours amiable, à moins qu'il se révèle des hypothèqus occultes. — Olliv. et M., n° 486. — 514. — Cival, 124. Chauveau, *quest.*, 2615. — *Contra* : l'ordre exceptionnel est inutile, il suffit d'agir contre l'acquéreur par voie de commandement. — Cass., 13 janv. 1840. — Poitiers, 17 août 1843. — Bioche, n° 18. — Grosse et Rameau, t. 2, n° 488. — Seligman, 574.

2. Doivent être considérés comme un créancier unique, tous les créanciers qui sont convenus de faire cause commune et de partager au marc le franc les sommes obtenues du débiteur; l'ordre entre eux est exceptionnel, et les contestations doivent être réglées par le tribunal jugeant en matière sommaire. — Caen, 6 août 1855. — Dalloz, n° 1274. — Bioche, n° 486, 514.

158

En cas d'appel, l'article 773 se réfert seulement à la procédurs sommaire qui contient des mesures suffisantes de célérité et d'économie; c'est avec intention que le législateur n'a pas mentionné à côté des articles 763 et 764, l'article 672 dont les dispositions sont rigoureuses et exceptionnelles.

Dans l'ordre ordinaire il existe toujours un avoué; il en est autrement dans l'ordre exceptionnel.

Du reste le législateur de 1858 s'est prononcé en faveur du

droit commun conformément à la jurisprudence permanente sous l'ancienc loi.

Il en résulte 1° que l'appel peut être interjeté dans les deux mois de la signification du jugement en conformité du droit commun ;

2° Que l'acte d'appel doit être signifié, à peine de nullité, à personne ou à domicile.

Cette décision de la Cour suprême tranche ainsi le question la plus controversée qui se soit élevée sur la loi nouvelle. — Cass., 16 juillet 1866. — Grenoble, 29 mai 1866. — Agen, 12 juillet 1867.

ART. 777.

188

En cas d'aliénation autre que sur expropriation forcée, l'acquéreur qui veut obtenir la libération définitive de tous privilèges et hypothèques par voie de consignation n'a pas besoin de faire d'offres réelles ; ainsi, bien qu'en principe l'acquéreur doive remplir les formalités de la purge, sa consignation sans purge est néanmoins valable si le contrat d'acquisition lui interdit toute notification à fin de purge parce que le prix supérieur en fait au montant des créances est délégué aux créanciers inscrits qui, dans l'espèce, n'ont pas même encore accepté cette délégation. — Paris, 3 mai 1866. — Cass., ig., 2 juillet 1867.

Contra : Rouen 14 mars 1862. Cet arrêt décide que du moment que le contrat exclut les formalités de purge, il faut revenir au droit commun et faire des offres préalables au vendeur avec demande en validité de ces offres. (1257, C. N., 812, C. pr).

Nous pensons qu'il est plus conforme à la loi de recourir au droit commun et de faire des offres réelles avec demande en validité du moment que le contrat repousse les formalités exceptionnelles de l'art. 777, C. pr.